Stéphanie Abellan

W0357712

# LA FLAMME D'ANKAA

Soin énergétique de libération de la femme

& Amour de soi

# QUI SUIS -JE ?

Thérapeute depuis de nombreuses années spécialisée dans la mémoire cellulaire, j'ai créé la marque de bijoux « Les medeores d'Ankaa » ces bijoux énergétiques nettoient et libèrent les nœuds énergétiques et émotionnels présents dans vos différents corps .

La collection des livres d'Ankaa est un travail complémentaire qui permets d'inclure la visualisation et le conscient afin de travailler sur un autre axe de soin.

Vous pouvez me retrouver tous les jours sur mon compte Instagram « lesmedeoresdankaa » ou je parle spiritualité et développement personnel dans une ambiance légère et déculpabilisante.

A très bientôt je l'espère,

Je vous souhaite une très bonne lecture,

Stéphanie

# QUEL EST LE BUT DE CE LIVRE ?

Vous tenez dans les mains un outil de déprogrammation et de reprogrammation de votre mémoire cellulaire. Cette mémoire est identique à un ordinateur géant qui garderait en mémoire tous les éléments de vos vies antérieures, de votre lignée transgénérationnelle, des traumatismes de l'enfance ainsi que de vos expériences d'adulte qui sont digérées ou non.

Comme sur un ordinateur, il se peut que vous vous sentiez fatigué, pollué et que vous ayez cette impression de « ramer ». L'origine de ce phénomène provient du fait que vous possédez des virus. Ces virus, ce sont les mémoires négatives et souffrantes de votre être, les croyances erronées et limitantes ainsi que le cycle de souffrance qui tourne en boucle dans votre inconscient, incapable d'en trouver la sortie.

En choisissant de déprogrammer votre carte mère vous prenez la décision de faire un « reset » afin de pouvoir bâtir quelque chose de nouveau. Cela permettra un succès plus facile et effectif de votre travail concernant les schémas de pensée positifs, la loi de l'attraction et tout travail de développement personnel entamé qui pourrait stagner à cause de ces casseroles que vous trainez malgré vous.

## Comment fonctionne ce livre ?

Ce livre utilise plusieurs techniques de déprogrammation et reprogrammation afin de vous aider à nettoyer tous les aspects de votre être sur plusieurs niveaux : vertical et horizontal.

### Nettoyage vertical

Nous utilisons selon le thème du livre, plusieurs axes de

travail vertical : les vies antérieures et la lignée familiale.

Vos vies antérieures nécessitent d'être pacifiées et apaisées car elles sont la racine du socle de votre être. Tout ce qui a été vécu précédemment fait de vous la personne que vous êtes. Elles sont donc primordiales, nous ne cherchons donc pas à supprimer leurs existences ou à minimiser leurs impacts, seulement à supprimer de notre mémoire active les émotions et blocages reliés encore à elles.

Si par exemple, vous êtes décédé par noyade dans une vie précédente, vous risquez d'avoir une phobie de l'eau ou une appréhension de la baignade dans cette vie, sans que vous ne sachiez pourquoi. L'idée est simplement de supprimer l'émotion (la peur de l'eau, la peur de mourir) reliée à cette expérience.

La noyade sera toujours ancrée dans votre mémoire cellulaire, mais plus l'émotion liée à celle-ci. Cette action pacifie l'expérience et la met simplement « en veilleuse » dans votre inconscient personnel.

La lignée transgénérationnelle est un autre aspect de votre être que vous ne maitrisez pas et dont il faut tenir compte.

Vous allez répéter inexorablement les mêmes schémas que les personnes de votre lignée. Nous avons souvent pour exemple des personnes qui se transmettent l'alcoolisme de père en fils, ou des schémas amoureux récurrents : une lignée de femmes battues, en couple avec des hommes violents, eux même reproduisant le vécu de leurs propres parents.

Ces mémoires sont comme des boucles quantiques qui se répètent et se perpétuent jusqu'à ce que quelqu'un décide de casser cette dynamique. Il peut être très fatigant et éreintant de faire ce travail tout seul car vous êtes vous-même englué dans la boucle qui tourne à toute vitesse. Un travail énergétique vous aidera à ôter une à une les croyances existantes dans votre mémoire cellulaire afin de vous libérer des schémas familiaux.

À savoir que la verticalité du travail est valable dans les deux sens et pour les deux pôles : vous récupérez le bon et le mauvais de votre lignée mais lorsque vous libérez une partie de vous souffrante, le nettoyage se fera automatiquement sur les personnes au-dessus de votre lignée (parents, grands-parents, arrière-grands-parents, etc…) et au-dessous de celle-ci (enfants et générations à venir).

Tout ceci s'explique par le fait qu'il n'y a pas de passé, de présent et de futur mais une seule et unique ligne temporelle : chaque action effectuée modifie le passé et le futur car tout cela ne forme qu'un.

## NETTOYAGE HORIZONTAL

Une fois le travail vertical effectué il est intéressant de s'occuper de l'horizontal. Imaginez les couches qui recouvrent votre corps physique : couche énergétique, émotionnelle, mentale, astrale, etc.

Vous possédez des traumatismes dus à l'enfance qui font partie intégrante de vous, ils pourraient être représentés par deux piliers que vous portez en continu sur vos deux épaules. Vous avez ensuite apposé sur ces peurs et souffrances des croyances. Ces croyances sont venues renforcer le poids des piliers ; vous avez rajouté un toit sur ces piliers.

Viennent ensuite l'expérience d'adulte et son lot de déceptions, de trahison et d'abandons qui rajoutent les murs de l'édifice et termine la décoration du lieu que vous portez sur le dos.

À chaque nouvelle prise de conscience, vous retirez un élément de cette construction. Si vous ne faites aucun travail sur vous, vous allez inconsciemment porter cet édifice toute votre vie sans le conscientiser et finir éventuellement par vous effondrer à cause du poids de ces mémoires qui ne vivent que dans l'énergétique et l'émotionnel et ne sont donc pas palpables par votre mental et la partie consciente de votre être.

# QUELLES TECHNIQUES ALLONS-NOUS UTILISER ?

Peut-être avez-vous déjà ressenti quelque chose avant même d'avoir ouvert le livre ? Peut-être dès ce matin au réveil vous êtes-vous senti différent ?

Le travail sur la mémoire cellulaire et l'énergétique en général, répond à des lois très simples de l'Univers dont une très efficace : la loi de l'attraction.

Lorsque vous posez une intention claire et définie (acheter ce livre par exemple), vous enclenchez par vos pensées et actions « le phénomène d'activation de votre demande ». En l'occurrence, si vous êtes dans une démarche de libération, le travail commencera en amont sur d'autres plans de conscience.

Durant ce nettoyage je programme les textes pour agir

sur plusieurs niveaux de conscience grâce à plusieurs méthodes : le pouvoir de l'intention, la puissance des mots-clefs utilisés, la visualisation positive, et la lecture méditative.

Ce condensé de techniques agira sur :

- Votre corps physique : quelles mémoires mon corps continuait de porter jusque-là ?

- L'énergétique : comment était mon taux vibratoire jusqu'ici ?

- L'émotionnel : quelles émotions étaient refoulées et enfouies au fond de moi ?

- L'inconscient : quelles parties de moi en souffrance je nc voulais et ne pouvais voir jusqu'ici ?

# AVANT DE COMMENCER…

Le texte devra être lu à voix haute afin de faire resonner les mots-clefs dans vos différents corps subtils.

Ne prélisez pas le texte à la va-vite, attendez d'être dans un moment de calme et de sérénité où vous pourrez être à 100% de ce que vous faites.

Buvez un grand verre d'eau avant de commencer pour favoriser la conduction du nettoyage énergétique.

Créez un univers chaleureux et douillet : un endroit confortable, enveloppé dans une couverture, sans nuisance sonore.

Coupez vos appareils électroniques et dédiez la prochaine demi-heure à votre nettoyage.

Vous pouvez faire des pauses si les émotions ou souvenirs sont trop intenses pour vous et y revenir plus tard.

Ne cherchez pas les signes ou effets immédiats de ce nettoyage : les déprogrammations et reprogrammations nécessitent un lâcher-prise des attentes pour pouvoir être efficaces. Vous apercevrez des changements au cours des prochains jours ou semaines sur des détails subtils, des envies soudaines, des modifications de pensée ou d’agir.

Vous êtes désormais prêt à commencer votre lecture, je vous souhaite un excellent voyage au cœur de vous-même.

« Vous venez d'ouvrir la page de votre voyage au cœur de votre moi intérieur. Plus précisément au cœur de votre flamme, la Flamme d'Ankaa, celle qui représente votre féminité, votre ying, votre douceur.

Plus rien n'existe désormais autour de vous. Le mobilier du lieu dans lequel vous vous trouvez devient flou, vos oreilles se protègent de tout bruit extérieur et doucement, lentement, votre respiration ralentit. Vous vous sentez tellement détendue que vous éprouvez le besoin de poser votre dos contre un support.

Vos muscles se relâchent et votre voix possède désormais une tonalité grave, elle vous paraît aussi puissante que rassurante. Elle vous guidera tout au long ce de voyage. Vous allez dès à présent vivre ce soin énergétique de deux perspectives différentes : celle de votre « Vous » classique qui tient ce livre, lit ces mots et qui vivra le nettoyage directement. Et votre « Vous » spirituel, celui qui a la sagesse et le recul nécessaire à la bonne compréhension de ce qu'il se passera.

Le nettoyage aura donc des répercutions sur votre physique, votre émotionnel, votre mental, mais également sur votre mémoire cellulaire qui regroupe toutes les blessures et expériences accumulées depuis plusieurs vies et sur plusieurs générations.

Votre « Vous » spirituel observe votre « Vous » incarné et veille au bon déroulement des choses. Vous fermez les yeux, l'espace d'un instant, vous ne savez plus où vous êtes et lorsque vous vous réveillez, vous êtes sur un chemin de terre, entourée par deux cours d'eau paisibles.

Devant vous deux chemins se présentent. Vous observez le premier, celui de gauche. Il n'y a aucun panneau indicatif, il est magnifique, des fleurs d'une beauté rare inondent le parterre et la pelouse est luisante et fraîche. Quelques animaux se baladent et traversent la route nonchalamment, vous pouvez sentir d'ici le parfum délicat des fleurs. Vous regardez au loin mais il n'y a personne pour vous dire où cela peut mener.

Vous décidez ensuite d'aller voir celui de droite. Un panneau en forme de flèche indique la direction à prendre. Vous vous avancez ; le soleil est partiellement couvert, il y a quelques nuages, il ne fait ni chaud ni froid. La route est caillouteuse et il y a quelques trous, mais elle est tout de même praticable. La végétation n'est pas aussi fraîche que de l'autre côté ; l'herbe est sèche et a disparu à certains endroits. Vous regardez au loin et vous voyez quelques membres de votre famille, ils sont de dos et trop loin pour vous entendre.

Vous considérez les deux chemins ; celui de gauche est très tentant mais il n'y a personne et il paraît trop beau pour être vrai, quelque chose vous contrarie.

Vous décidez finalement de prendre le chemin de droite qui vous rassure beaucoup plus.

Pendant que vous étiez dans vos songes, les membres de votre famille ont avancé et il n'y a désormais plus personne, vous avancez seule en essayant d'éviter les trous et les cailloux. Vous tombez de temps à autre mais vous vous relevez en essayant d'être plus attentive.

Le chemin n'en finit pas. Vous ne comprenez pas pourquoi ce trajet pénible ne s'arrête pas. Vous vous asseyez en frottant vos genoux endoloris à force de tomber. Vous vous sentez seule et sans ressource. Soudain, vous voyez arriver derrière vous un groupe de personnes : ce sont les membres de votre famille. Vous êtes soulagée, vous vous levez et accourez vers eux. L'un d'entre eux vous demande pourquoi vous êtes ici. Vous lui répondez que vous les avez suivis car vous étiez perdue. Tous les regards sont désormais tournés vers vous. Vous les regardez attentivement et vous remarquez que leurs genoux sont remplis de marques et de cicatrices également : ils sont là depuis bien plus longtemps que vous et sont en train de tourner en rond.

Vous comprenez que le chemin de gauche était le bon chemin à prendre, mais qu'en l'absence d'indication, vous n'avez pas su reconnaître que c'était la bonne direction. En revanche, vous avez instinctivement reconnu le chemin caillouteux et difficile car vous connaissiez la direction : c'est le chemin de votre lignée transgénérationnelle. Par peur du changement et du renouveau, tout le monde préférait suivre le chemin préétabli sans remettre en question la douleur et la difficulté de celui-ci. Vous comprenez que tous vos échecs amoureux ne pouvaient être autrement car tant que vous marchiez sur cette route, vous étiez destinée à tomber ou trébucher à un moment ou à un autre.

Vous décidez en conscience de vous libérer « vous » ainsi que toute votre lignée transgénérationnelle ancienne et future des schémas amoureux karmiques répétitifs et douloureux.

Vous déposez symboliquement un accès bloqué devant l'entrée du chemin de droite et vous empruntez le chemin de gauche en ressentant la légèreté de cette libération.

Vous marchez sur le magnifique chemin verdoyant, lorsqu'un portail énergétique s'ouvre devant vous. Vous êtes invitée à faire un saut spatio-temporel à travers vos différentes vies antérieures. Vous êtes intriguée et vous sautez à pieds joints.

Vous atterrissez dans une pièce sombre. Un tabouret se trouve devant vous : vous vous avancez et vous asseyez.

Devant vous, une lumière est projetée contre le mur et vous voyez défiler toutes vos vies passées.

Les époques et les décors changent mais vous remarquez des similitudes dans celles-ci : tantôt un homme, tantôt une femme, le couple a toujours été une épreuve pour vous. Vous avez connu des vies de femmes battues, violentées, asservies, esclaves mêmes. Votre confiance en l'homme a été meurtrie. Vous avez gardé une image de l'homme dangereuse et une méfiance de rigueur. Vous comprenez pourquoi vous avez du mal à faire confiance et surtout, pourquoi votre confiance a déjà été trahie dans cette vie encore une fois. Vous répétez le même scénario encore et encore sans réussir à sortir du labyrinthe.

Vous décidez de pardonner ces hommes pour le mal qu'ils vous ont fait et par la même occasion, vous vous libérez de ces schémas de peur et de méfiance qui attiraient à vous ces situations.

Le film continue et cette fois ci, vous apercevez vos incarnations en tant qu'homme. Vous ressentez cette peur de ne pas pouvoir subvenir aux besoins de votre famille et ainsi que cette responsabilité écrasante de chef de famille. Votre chakra gorge est noué tellement vous vous sentez pris au piège. Vous comprenez désormais pourquoi la partie yang de votre personnalité a besoin d'indépendance et vous ressentez de l'empathie pour les hommes de votre vie qui avaient peur de se projeter, peur de construire une vie de famille ou d'entrer dans une relation. Vous leur pardonnez ces actes car vous avez compris leur souffrance et vous libérez votre lignée ainsi que tous vos « Moi » de vies antérieures de ces peurs et de ces blocages.

Le film se termine, la lumière s'allume, vous voyez une porte au fond de la pièce, vous vous dirigez vers elle et sortez.

Vous entrez dans un drôle d'endroit très coloré, vous remarquez une scène au milieu du lieu ainsi que des sièges vides tout autour. Vous réalisez que vous êtes dans un cirque.

Deux funambules se trouvent en hauteur. Deux fils traversent la scène sur toute la longueur.

Le spectacle commence : les deux funambules, un homme et une femme, sont de part et d'autre de la scène. Ils se regardent amoureusement et s'avancent chacun sur leur fil respectif jusqu'à arriver à la même hauteur. Ils semblent tomber amoureux ; l'homme fait de grands mouvements et des pirouettes pour séduire la femme. Ils se tournent autour, font des allées et venues jusqu'au moment où l'homme porte la femme sur lui tout en tenant l'équilibre sur le fil.

Le couple joue beaucoup et passe tout son temps ensemble, alors la femme décide de couper son fil car il ne lui est plus d'aucune utilité.

Au bout d'un certain temps, l'homme est fatigué de porter sa compagne, faire des pirouettes lui manque et il regrette le temps où il pouvait marcher seul sur le fil. Il décide donc de la poser sur le rebord. Ils continuent de jouer et se retrouvent à mi-chemin. Mais l'homme voudrait pouvoir sauter et retomber sur le fil mais le poids de la femme modifie la portée et il n'y arrive plus. Elle décide donc de repartir sur le rebord et d'y rester. Elle regrette le temps où elle avait son fil mais, comme aveuglée par sa rencontre avec le funambule, elle l'a coupé elle n'a plus d'endroit où aller. Elle finit par s'asseoir et attend les rares moments où le funambule revient sur le bord la saluer.

Vous observez la scène et cela vous renvoie beaucoup de souvenirs. Vous êtes cette funambule qui a coupé son fil elle aussi. Vous vous rendez compte que vous avez mis de côté votre propre ligne de vie, votre essence, vos habitudes et vos besoins pour coller à ceux de l'autre. Or, l'autre à continué de vivre comme avant, une fois l'effervescence des débuts passée. Vous vous êtes perdue à attendre d'un funambule qu'il sacrifie son fil et reste-lui aussi sur le rebord comme vous l'avez fait.

Vous comprenez que le bonheur de votre couple passera par la reconstruction de votre fil, de votre vie, de votre vrai « Vous ». Vous visualisez votre vie de couple actuelle. Si vous rattachiez votre propre fil, que feriez-vous pour vous ? Comment auriez-vous envie de vous amuser et de retrouver votre joie de vivre sans l'autre ?

Une fois le fil attaché, vous quittez le cirque en laissant derrière vous les deux funambules jouer et s'amuser sur leurs fils respectifs.

Vous sortez du chapiteau et atterrissez dans un nouvel endroit. Vous ne reconnaissez pas le lieu. Des grappes de raisin décorent des murs parés de briques. Vous pouvez apercevoir un tonneau gigantesque. Un nectar rosé scintillant tombe du ciel et le remplit, mais il y a également un trou tout en bas et le liquide rose est déversé au sol et perd toute sa clarté.

Vous reconnaissez que vous êtes face au tonneau percé des Danaïdes. Dans la mythologie, elles étaient condamnées à le remplir à l'infini.

Vous voulez à tout prix remplir ce tonneau afin de garder pour vous ce magnifique nectar rosé.

Vous apercevez une personne au loin. Vous la hélez. Elle s'approche et vous vient immédiatement en aide afin de faire stopper l'écoulement. Vous vous sentez soulagée, jusqu'au moment où la personne s'en va, lasse de devoir tenir sa main contre le trou dans une position inconfortable. Vous êtes sur le point de rappeler une autre personne quand vous comprenez que personne ne voudra jamais maintenir ce trou béant à vie. Personne ne voudra rester à vos côtés, même si le nectar est délicieux.

Vous savez que la résolution de ce problème ne peut venir que de vous et vous seule. Vous matérialisez une bulle de protection et d'amour de Soi violine autour du tonneau. Cette bulle colmate instantanément le trou et le tonneau commence doucement à se remplir. Vous sentez dans votre chakra cœur une sensation de plénitude, vous vous sentez entière et rassurée. Vous n'avez plus besoin d'aller chercher l'amour à l'extérieur de vous pour vous sentir bien et entière. Le tonneau est désormais rempli, vous le rebouchez.

Vous savez qu'à chaque fois que vous ressentirez la peur de l'abandon, de solitude ou de ne pas être aimée, vous pourrez revenir dans ce lieu et sentir la présence réconfortante de ce tonneau rempli et protégé.

Vous quittez les lieux et arrivez sur la dernière étape

de votre périple : le mur du pardon.

Vous pouvez apercevoir une multitude de portraits accrochés sur ce mur selon votre histoire personnelle.

Tous ces visages sont ceux des hommes qui ne vous ont pas respectée dans votre vie présente.

Ceux à qui vous avez accordé votre confiance et l'ont trahi.

Ceux que vous avez laissé entrer dans l'intimité de votre

chakra sacré sans réel sentiment ou sans conviction.

Ceux pour qui vous avez trahi votre propre intégrité, votre bien-être physique ou émotionnel.

Ce mur peut être difficile à regarder en face car il n'est la conséquence que d'un grand manque d'amour et de respect que vous n'avez pas réussi à maintenir pour vous durant ces quelques occasions.

Mais désormais, vous savez que vous avez nettoyé et

libéré votre lignée familiale ainsi que vos différentes vies antérieures.

Vous savez que vous avez rempli votre chakra cœur du nectar d'amour de Soi et qu'il ne fuit plus, alors vous pouvez pardonner à toutes ces personnes qui vous ont causé du tort car elles n'étaient que le reflet de la façon dont vous vous traitiez.

Au fur et à mesure que vous conscientisez cela vous pouvez voir disparaître du mur les visages petit à petit.

Vous sentez un poids vous libérer la poitrine et le plexus solaire tandis que vous vous dites : « Je vous pardonne ».

Pour terminer, vous vous dirigez vers une bougie violette disposée au pied du mur. Cette bougie représente le pardon que vous vous accordez à vous-même : vous vous pardonnez en conscience d'avoir pris des mauvaises décisions, d'avoir été en souffrance et d'avoir fait de votre mieux sur le moment avec les éléments dont vous disposiez.

Vous laissez la bougie se consumer tandis que le mur s'évapore, vous sentez que le voyage est terminé. Vous vous sentez reconnectée à votre flamme féminine : La Flamme d'Ankaa, celle du respect et de l'amour de Soi. Elle vous guidera partout où vous irez et diffusera son énergie dans votre quotidien.

Vous pouvez faire appel à elle à chaque fois que vous sentez que vous perdez le fil ou que vos anciens schémas veulent refaire surface.

Vous êtes désormais de retour dans la peau de votre « Moi » spirituel, il observe votre « Moi » physique avec compassion et émotion. Il vous redit une dernière fois qu'il est là pour vous protéger et qu'il vous guide à chaque instant à travers votre intuition.

Vous sentez que vous êtes de retour dans votre corps

physique et vous ouvrez doucement les yeux.

Votre soin énergétique de libération de la Flamme d'Ankaa est désormais terminé, vous pouvez doucement vous étirer et vous hydrater.

Certaines émotions peuvent subvenir durant les 72 prochaines heures. Cela est une réaction normale lors d'un soin : les émotions refoulées resurgissent afin d'être évacuées. Accueillez ces émotions, qu'elles soient tristes ou heureuses comme partie intégrante de votre processus de nettoyage.

*Je vous souhaite une merveilleuse relation avec vous-même, empreinte d'amour et de bienveillance.*

*Stéphanie*

# LA COLLECTION DES LIVRES D'ANKAA :

- **Le bien-être d'Ankaa** : Libération des kilos émotionnels
- **Les pensées d'Ankaa** : Déprogrammation de l'autosabotage et reprogrammation positive de vos pensées
- **Le grand voyage** : Reharmonisation générale des 7 chakras
- **La sagesse d'Ankaa** (extrait du grand

voyage) : libération par le pardon

- **Les émotions d'Ankaa** : Libération des émotions négatives
- **La force d'Ankaa** : Acceptation du deuil
- **La flamme d'Ankaa** : Libération de la femme et amour de soi
- **La libération d'Ankaa** : Libération de la relation aux pervers narcissiques et relation toxiques
- **La paix d'Ankaa** : Libération des abus sexuels et

# reharmonisation du chakra sacré

Printed in Poland
by Amazon Fulfillment
Poland Sp. z o.o., Wrocław

58074363R00040